AF224688

Publications de la **RÉVOLTE**

PIERRE KROPOTKINE

Le Salariat

2me Edition

Prix : 10 centimes

PARIS
Au bureau de la Révolte
140, Rue Mouffetard, 140
1892

Le Salariat

I

Dans leurs plans de reconstruction de la
société, les collectivistes commettent, à notre avis, une double erreur. Tout en par-
lant d'abolir le régime capitaliste, ils vou-
draient maintenir, néanmoins, deux institutions qui font le fond de ce régime : le
gouvernement représentatif et le salariat.

Pour ce qui concerne le gouvernement
soi-disant représentatif, nous en avons
souvent parlé. Il nous reste absolument
incompréhensible, comment des hommes
intelligents — et le parti collectiviste n'en
manque pas — peuvent rester partisans
des parlements nationaux ou municipaux,
après toutes les leçons que l'histoire nous
a données à ce sujet, soit en France, soit

en Angleterre, en Allemagne, en Suisse ou aux Etats-Unis.

Tandis que de tous côtés nous voyons le régime parlementaire s'effondrer, et tandis que de tous côtés surgit la critique *des principes mêmes* du système — non plus seulement de ses applications, — comment se fait-il que des hommes intelligents, s'appelant socialistes-révolutionnaires, cherchent à maintenir ce système, déjà condamné à mourir ?

On sait que le système fut élaboré par la bourgeoisie pour tenir tête à la royauté et maintenir en même temps, et accroître sa domination sur les travailleurs. Il est la forme, par excellence, du régime bourgeois. On sait qu'en le préconisant, les bourgeois n'ont jamais soutenu sérieusement qu'un parlement, ou un conseil municipal représente la nation, ou la cité : les plus intelligents d'entre eux savent que c'est impossible. En soutenant le régime parlementaire la bourgeoisie a cherché tout bonnement à opposer une digue à la royauté, sans donner la liberté au peuple. On s'aperçoit, en outre, qu'à mesure que le peuple devient conscient de ses intérêts et que la variété des intérêts se multiplie, le système ne peut plus fonctionner. Aussi, les démocrates de tout pays cherchent-ils, sans les trouver, des palliatifs di ers, des correctifs du système. On essaie le *referendum* et on trouve qu'il ne vaut rien ; on parle de représentation proportionnelle, de représentation des minorités — autres utopies parlementaires. On s'évertue, en un mot, à trouver l'introuvable, c'est-à-dire une délégation qui représente les millions d'intérêts variés de la nation ; mais on est forcé de reconnaître que l'on fait fausse route, et la confiance dans un gouvernement par délégation s'en va.

Il n'y a que les démocrates-socialistes et les collectivistes qui ne perdent pas cette confiance et qui cherchent à maintenir la soi-disant représentation nationale, et c'est ce que nous ne comprenons pas.

Si nos principes anarchistes ne leur conviennent pas, s'ils les trouvent inapplicables, au moins devraient-ils, ce nous semble, chercher à deviner quel autre système d'organisation pourrait bien correspondre à une société sans capitalistes ni propriétaires. Mais, prendre le système des bourgeois, — système qui se meurt déjà, système vicieux, s'il en fut — et le préconiser avec quelques innocentes corrections, telles que le mandat impératif ou le *referendum*, dont l'inutilité est déjà démontrée ; le préconiser pour une société qui aura fait sa révolution sociale — ceci nous paraît absolument incompréhensible, à moins que sous le nom de Révolution sociale, on préconise tout autre chose que la Révolution, c'est-à-dire quelque replâtrage minime du régime bourgeois actuel.

***

Il en est de même pour le salariat ; car, après avoir proclamé l'abolition de la propriété privée et la possession en commun des instruments de travail, comment peut-on préconiser, sous une forme ou sous une autre, le maintien du salariat ? Et c'est bien, cependant, ce que font les collectivistes lorsqu'ils nous préconisent les *bons de travail*.

Si les socialistes anglais du commencement de ce siècle ont prêché les bons de travail, cela se comprend. Ils cherchaient simplement à mettre d'accord le Capital et le Travail. Ils répudiaient toute idée de toucher violemment à la propriété des capitalistes. Ils étaient si peu révolutionnaires qu'ils se déclaraient prêts à subir jusqu'au régime impérial, pourvu que ce régime favorisât leurs sociétés de coopération. Au fond, ils restaient bourgeois, charitables si l'on veut, et c'est pourquoi — Engels nous le dit dans sa préface au manifeste communiste de 1848 — à cette époque les *socialistes* étaient des bourgeois, tandis que les travailleurs avancés étaient *communistes*.

Si, plus tard, Proudhon a repris cette idée, cela se comprend encore. Dans son système mutuelliste, que cherchait-il, sinon de rendre le Capital moins offensif, malgré le maintien de la propriété individuelle, qu'il détestait au fond de son cœur, mais qu'il croyait nécessaire comme garantie pour l'individu contre l'Etat?

Que des économistes plus ou moins bourgeois admettent aussi les bons de travail, cela se comprend encore. Il leur importe peu que le travailleur soit payé en bons de travail, ou en monnaie frappée à l'effigie de la République ou de l'Empire. Ils tiennent à sauver dans la débâcle prochaine la propriété individuelle des maisons habitées, du sol, des usines, ou du moins des maisons habitées et du Capital nécessaire à la production manufacturière. Et pour maintenir cette propriété, les bons de travail feraient très bien leur affaire.

Pourvu que le bon de travail puisse être échangé contre des bijoux et des voitures, le propriétaire de la maison l'acceptera volontiers comme prix de loyer. Et, tant que la maison habitée, le champ et l'usine appartiendront à des bourgeois, force sera de payer ces bourgeois d'une façon quelconque pour les décider à vous permettre de travailler dans leurs champs ou dans leurs usines, et de loger dans leurs maisons. Force sera de salarier le travailleur, de le payer pour son travail, soit en or, soit en papier-monnaie, soit en bons de travail échangeables contre toute sorte de commodités.

Mais comment peut-on préconiser cette nouvelle forme du salariat — le bon de travail — si on admet que la maison, le champ et l'usine ne sont plus propriété privée, qu'ils appartiennent à la commune ou à la nation ?

II

Examinons de plus près ce système de rétribution du travail, préconisé par les collectivistes Français, Allemands, Anglais et Italiens (1).

Il se réduit à peu près à ceci : Tout le monde travaille, soit dans les champs, soit dans les usines, les écoles, les hôpitaux, etc. La journée de travail est réglée par l'Etat, auquel appartiennent la terre, les usines, les voies de communication, et tout le reste. Chaque travailleur, ayant fait une journée de travail, reçoit un *bon de travail*, qui porte, disons ces mots : **huit heures de travail.** Avec ce *bon* il peut se procurer dans les magasins de l'Etat, ou des diverses corporations, toute sorte de marchandises. Le *bon* est divisible, en sorte que l'on peut acheter pour une heure de travail de viande, pour dix minutes d'allumettes, ou bien une demi-heure de tabac. Au lieu de dire : quatre sous de savon, on dira, après la Révolution collectiviste : cinq minutes de savon.

La plupart des collectivistes, fidèles à la

---

(1) Les anarchistes espagnols, en maintenant le nom de collectivistes, entendent par ce mot la possession en commun des instruments de travail, et « la liberté, pour « chaque groupe, de répartir les produits du travail « comme il l'entendra » : selon les principes communistes, ou de toute autre façon.

distinction établie par les économistes bourgeois (et Marx aussi) entre le travail *qualifié* et le travail *simple*, nous disent que le travail *qualifié*, ou professionnel, devra être payé un certain nombre de fois plus que le travail *simple*. Ainsi, une heure de travail du médecin devra être considérée équivalente à deux ou trois heures de travail de la garde-malade, ou bien à trois heures du terrassier. « Le travail professionnel ou qualifié sera un multiple du travail simple », nous dit le collectiviste Groenlund, parce que ce genre de travail demande un apprentissage plus ou moins long.

D'autres collectivistes, tels que les marxistes français, ne font pas cette distinction. Ils proclament « l'égalité des salaires.» Le docteur, le maître d'école et le professeur seront payés (en bons de travail) au même taux que le terrassier. Huit heures passées à faire la tournée de l'hôpital, vaudront autant que huit heures passées à des travaux de terrassement, ou bien dans la mine, dans l'usine.

Quelques-uns font encore une concession de plus ; ils admettent que le travail désagréable ou malsain, — tel que celui des égouts — pourra être payé à un taux plus élevé que le travail agréable. Une heure de service des égouts comptera, disent-ils, comme deux heures de travail du professeur.

Ajoutons que certains collectivistes admettent la rétribution en bloc, par corporations. Ainsi, une corporation dirait : « Voici cent tonnes d'acier. Pour les produire nous avons été cent travailleurs, et nous y avons mis dix jours. Notre journée ayant été de huit heures, cela fait huit mille heures de travail pour cent tonnes d'acier ; soit, huit heures la tonne. » Sur quoi l'Etat leur paierait huit mille bons de travail d'une heure chacun, et ces huit mille bons seraient répartis entre les membres de l'usine, comme bon leur semblerait.

D'autre part, cent mineurs ayant mis vingt jours pour extraire huit mille tonnes de charbon, le charbon vaudrait deux heures la tonne, et les seize mille bons d'une heure chacun, reçus par la corporation des mineurs, seraient répartis entre eux selon leurs appréciations.

S'il y avait dispute, — si les mineurs protestaient et disaient que la tonne d'acier ne doit coûter que six heures de travail, au lieu de huit ; si le professeur voulait faire payer sa journée deux fois plus que la garde-malade, — alors l'Etat interviendrait et règlerait leurs différends.

Telle est, en peu de mots, l'organisation que les collectivistes veulent faire surgir de la Révolution sociale. Comme on le voit, leurs principes sont : propriété collective des instruments de travail, et rémunération de chacun selon le temps employé à produire, en tenant compte de la productivité de son travail. Quant au régime politique, ce serait le régime parlementaire, amélioré par le changement des hommes au pouvoir, le mandat impératif et le *referendum*, c'est-à-dire, le plébiscite par *oui* ou *non* sur les questions qui seraient soumises à la votation populaire.

Disons tout d'abord que ce système nous semble absolument irréalisable.

Les collectivistes commencent par proclamer un principe révolutionnaire — l'abolition de la propriété privée — et ils le nient sitôt proclamé, en maintenant une organisation de la production et de la consommation qui est née de la propriété privée.

Ils proclament un principe révolution-

naire et — oubli inconcevable — ils igno-
rent les conséquences qu'un principe aussi
différent du principe actuel devra ame-
ner. Ils oublient que le fait même d'abolir
la propriété individuelle des instruments
du travail (sol, usines, voies de communication, capitaux) doit lancer la société
dans des voies absolument nouvelles ;
qu'il doit changer de fond en comble la
production, aussi bien dans ses moyens
que dans ses buts ; que toutes les relations
quotidiennes entre individus doivent être
modifiées sitôt que la terre, la machine et
le reste sont considérés possession commune.

Ils disent : « Point de propriété privée »,
et aussitôt ils s'empressent de maintenir
la propriété privée dans ses manifesta-
tions quotidiennes. « Vous serez une Commune pour produire. Les champs, les ou-
tils, les machines vous appartiendront,
disent-ils, en commun. Ce qui a été fait
jusqu'à ce jour — ces manufactures, ces
chemins de fer, ces ports et ces mines, —
vous appartiendra à tous. On ne fera pas
la moindre distinction concernant la part
que chacun de vous a prise précédemment
pour faire ces machines, pour creuser ces
mines ou pour bâtir ces voies ferrées.

« Mais dès demain, vous vous disputerez minutieusement sur la part que vous allez prendre à faire de nouvelles machines, à creuser de nouvelles mines. Dès demain, vous chercherez à peser exactement la part qui reviendra à chacun dans la nouvelle production. Vous compterez vos minutes de travail et vous serez sur le guet pour qu'une minute de travail de votre voisin ne puisse pas acheter plus de produits que la vôtre.

« Vous calculerez vos heures et vos minutes de travail, et puisque l'heure ne mesure rien, puisque dans telle manufacture un travailleur peut surveiller quatre métiers à la fois, tandis que dans telle autre usine il n'en surveille que deux, — vous devrez peser la force musculaire, l'énergie cérébrale, et l'énergie nerveuse dépensées. Vous calculerez minutieusement les années d'apprentissage, pour évaluer exactement la part de chacun d'entre-vous dans la production future. Tout cela, après avoir déclaré que vous ne tenez aucun compte de la part qu'il y a prise dans le passé ».

—————

Et bien, pour nous, il est évident que si une nation ou une commune se donnait une pareille organisation, elle ne pourrait subsister pendant un mois. Une société ne peut pas s'organiser sur deux principes absolument opposés — deux principes qui se contredisent à chaque pas. Et la nation ou la commune qui se donnerait une pareille organisation serait forcée, ou bien de revenir à la propriété privée, ou bien de se transformer immédiatement en société communiste.

III

Nous avons dit que la plupart des écrivains collectivistes demandent que dans la société socialiste, la rétribution se fasse en établissant une distinction entre le travail *qualifié* ou professionnel, et le travail *simple*. Ils prétendent que l'heure de travail de l'ingénieur, de l'architecte, ou du médecin, doit-être comptée comme deux ou trois heures de travail du forgeron, du maçon ou de la garde-malade. Et la même distinction, disent-ils, doit être établie entre les travailleurs dont le métier exige un apprentissage plus ou moins long, et ceux qui ne sont que de simples journaliers.

Cela se fait ainsi dans la société bourgeoise ; cela devra se faire de même dans la société collectiviste.

Eh bien, établir cette distinction, c'est maintenir toutes les inégalités de la société actuelle. C'est tracer d'avance une démarcation entre le travailleur et ceux qui prétendent le gouverner. C'est toujours diviser la société en deux classes bien distinctes : l'aristocratie du savoir, au-dessus de la plèbe des bras calleux ; l'une, vouée au service de l'autre ; l'une, travaillant de ses bras pour nourrir et vêtir les autres, pendant que ceux-ci profitent de leurs loisirs pour apprendre à dominer leurs nourriciers.

C'est plus que cela : c'est prendre un des traits distinctifs de la société bourgeoise et lui donner la sanction de la Révolution sociale. C'est ériger en principe un abus que l'on condamne aujourd'hui dans la vieille société qui s'en va.

———

Nous savons ce que l'on va nous répondre. On nous parlera de « socialisme scientifique ». On citera les économistes bourgeois — et Marx aussi — pour prouver que l'échelle des salaires a sa raison d'être, puisque « la force de travail » de l'ingénieur aura plus coûté à la société que « la force de travail » du terrassier. En effet, les économistes n'ont-ils pas cherché à nous prouver que si l'ingénieur est payé vingt fois plus que le terrassier, c'est parce que les frais « nécessaires » pour faire un ingénieur sont plus considérables que ceux qui sont nécessaires pour faire un terrassier. — Parbleu! il fallait bien ça, une fois qu'on s'était imposé la tâche ingrate de prouver que les produits s'échangent en proportion des quantités de travail socialement nécessaires à leur production. Sans cela, la théorie de la valeur de Ricardo, reprise par Marx pour son compte, ne pouvait pas tenir debout.

Mais nous savons aussi à quoi nous en tenir à ce sujet. Nous savons que si l'ingénieur, le savant et le docteur sont payés aujourd'hui dix fois ou cent fois plus que le travailleur, ce n'est pas en raison des « frais de production » de ces messieurs. C'est en raison d'un monopole d'éducation. L'ingénieur, le savant et le docteur exploitent tout bonnement un capital — leur brevet — tout comme le bourgeois exploite une usine, ou le noble exploitait ses titres de naissance. Le grade universitaire a remplacé l'acte de naissance du noble de l'ancien régime.

Quant au patron qui paie l'ingénieur vingt fois plus que le travailleur, il fait ce calcul bien simple : si l'ingénieur peut lui économiser cent mille francs par an sur la production, il lui paye vingt mille francs. Et quand il voit un contremaître, habile à faire suer les ouvriers, qui lui économise dix mille francs sur la main-d'œuvre, il s'empresse de lui proposer deux ou trois mille francs par an. Il lâche un millier de francs, là où il compte en gagner dix, et c'est là l'essence du régime capitaliste.

Qu'on ne vienne donc pas nous parler de frais de production de la force de travail, et nous dire qu'un étudiant qui a passé gaiement sa jeunesse à l'université ait *droit* à un salaire dix fois plus élevé que le fils du mineur qui s'est étiolé dans la mine dès l'âge de onze ans. Autant vaudrait dire qu'un commerçant qui a fait vingt ans « d'apprentissage » dans une maison de commerce a droit à toucher ses cent francs par jour, et ne payer que cinq francs à chacun de ses ouvriers.

Personne n'a jamais calculé les frais de production de la force de travail. Et si un fainéant coûte bien plus à la société qu'un honnête travailleur, reste encore à savoir si, tout compté, — mortalité des enfants ouvriers, anémie qui les ronge et morts prématurées — un robuste journalier ne coûte pas plus à la société qu'un artisan.

Voudra-t-on nous faire croire, par exemple, que le salaire de trente sous que l'on paie à l'ouvrière parisienne, ou les six sous de la paysanne d'Auvergne qui s'aveugle sur les dentelles, représentent les « frais de production » de ces femmes? Nous savons bien qu'elles travaillent souvent pour moins que ça, mais nous savons aussi qu'elles le font exclusivement parce que, grâce à notre superbe organisation, elles crèveraient de faim sans ces salaires dérisoires.

Pour nous, l'échelle actuelle des salaires est un produit complexe des impôts, de la tutelle gouvernementale, de l'accaparement capitaliste — de l'Etat et du Capital en un mot. — Aussi disons-nous que toutes les théories, faites par les économistes sur l'échelle des salaires, ont été inventées après coup pour justifier les injustices qui existent. Nous n'avons pas à en tenir compte.

———

On ne manquera pas non plus de nous dire que cependant l'échelle collectiviste des salaires serait toujours un progrès. — « Il vaudra toujours mieux, dira-t-on, avoir une classe de gens payés deux ou trois fois plus que le commun des travailleurs, que d'avoir des Rothschild qui empochent en un jour ce que le travailleur ne parvient pas à gagner en un an. Ce serait toujours un pas vers l'égalité. »

Pour nous, ce serait un progrès à rebours. Introduire dans une société socialiste la distinction entre le travail simple et le travail professionnel, serait sanctionner par la Révolution et ériger en principe un fait brutal que nous subissons aujourd'hui, mais que néanmoins nous considérons injuste. Ce serait faire comme ces messieurs du 4 août 1789, qui proclamaient l'abolition des droits féodaux avec force phrases à effet, mais qui, le 8 août, sanctionnaient ces mêmes droits en imposant aux paysans des redevances pour les racheter aux seigneurs. Ce serait encore faire comme le gouvernement russe, lors de l'émancipation des serfs, lorsqu'il proclama que la terre appartiendrait désormais aux seigneurs, tandis qu'auparavant c'était un abus que de disposer des terres qui appartenaient aux serfs.

Ou bien, pour prendre un exemple plus connu : lorsque la Commune de 1871 décida de payer les membres du Conseil de la Commune quinze francs par jours, tandis que les fédérés aux remparts ne touchaient que trente sous, certains ont acclamé cette décision comme un acte de haute démocratie égalitaire. Mais en réalité, par cette décision, la Commune ne faisait que sanctionner la vieille inégalité entre le fonctionnaire et le soldat, le gouvernement et le gouverné. Pour une chambre opportuniste, une pareille décision eût été superbe; mais pour la Commune elle était un mensonge. La Commune mentait à son principe révolutionnaire et par cela même elle le condamnait.

Dans la Société actuelle, lorsque nous voyons qu'un Ferry ou un Floquet se paient une centaine de mille francs par an, tandis que le travailleur doit se contenter de mille, ou moins; lorsque nous voyons que le contre-maître est payé deux ou trois fois plus que le travailleur, et qu'entre les travailleurs eux-mêmes, il y a toutes les gradations, depuis dix francs

par jour jusqu'aux six sous de la paysanne,
— cela nous révolte.

Nous condamnons ces gradations. Non
seulement nous désapprouvons les hauts
salaires du ministre, mais nous désapprouvons aussi la différence entre les dix
francs et les six sous. Elle nous révolte
aussi bien. Nous la considérons injuste et
nous disons : « A bas les privilèges d'éducation, aussi bien que ceux de naissance ! »
Nous sommes anarchistes les uns, socialistes les autres, précisément parce que
ces privilèges nous révoltent.

Mais comment pourrions-nous ériger ces
privilèges en principe ? Comment proclamer que les privilèges d'éducation seront
la base d'une société égalitaire, sans porter un coup de hache à cette même société ? Ce qui a été subi jadis, ne le
serait plus dans une société qui aura pour
base l'égalité. Le général à côté du soldat,
le riche ingénieur à côté du travailleur, le
médecin à côté de la garde-malade nous
révoltent déjà. Pourrions-nous les subir
dans une société qui débuterait en procla-
mant l'Egalité ?

Evidemment, non. La conscience populaire, inspirée d'un souffle égalitaire, se
révolterait contre une pareille injustice ;

elle ne le tolérerait pas. Autant vaut ne pas l'essayer.

Voilà pourquoi certains collectivistes français, comprenant l'impossibilité de maintenir l'échelle des salaires dans une société inspirée du souffle de la Révolution, s'empressent-ils aujourd'hui de proclamer l'égalité des salaires. Mais ici ils se buttent contre d'autres difficultés tout aussi grandes, et leur égalité des salaires devient une utopie tout aussi irréalisable que l'échelle des autres.

Une société qui se sera emparée de toute la richesse sociale et qui aura hautement proclame que *tous* ont droit à cette richesse, — quelle que fût la part qu'ils eussent pris antérieurement à la créer, — sera forcée d'abandonner toute idée de salariat, soit en monnaie, soit en bons de travail.

V

« A chacun selon ses œuvres », disent les collectivistes, ou, pour mieux dire, selon sa part de services rendus à la société. Et ce principe, on le recommande comme base de la société, après que la Révolution aura mis en commun les instruments de travail et tout ce qui est nécessaire à la production !

Et bien, si la Révolution sociale avait le malheur de proclamer ce principe, ce serait enrayer le développement de l'humanité pour tout un siècle ; ce serait bâtir sur le sable ; ce serait enfin laisser, sans le résoudre, tout l'immense problème social que les siècles passés nous ont mis sur les bras.

En effet, dans une société telle que la nôtre, où nous voyons que plus l'homme travaille, moins il est rétribué, ce principe peut paraître de prime-abord comme une aspiration vers la justice. Mais, au fond, il n'est que la consécration de toutes les injustices actuelles. C'est par ce principe que le salariat a débuté, pour aboutir là où nous sommes aujourd'hui, — aux inégalités criantes, à toutes les abominations de la société actuelle. Et il y a abouti parce que, du jour où la société a commencé à évaluer, en monnaie ou en toute autre espèce de salaire, les services rendus — du jour où il fut dit que chacun n'aurait que ce qu'il réussirait à se faire payer pour ses œuvres, — toute l'histoire de la société capitaliste (l'Etat y aidant) était écrite d'avance ; elle était renfermée, en germe, dans ce principe.

Devons-nous alors revenir au point de départ et refaire à nouveau la même évolution ? — Nos théoriciens le veulent ; mais heureusement c'est impossible : la Révolution, nous l'avons dit, sera communiste ; sinon, elle sera noyée dans le sang.

—————

Les services rendus à la société — que ce soit un travail dans l'usine ou dans les champs, ou bien des services moraux — *ne peuvent pas* être évalués en unités monétaires. Il ne peut y avoir de mesure exacte de la valeur — ni de ce qu'on a nommé improprement valeur d'échange, ni de la valeur d'utilité. Si nous voyons deux individus, travaillant l'un et l'autre pendant des années, cinq heures par jour, pour la communauté, à deux travaux différents qui leur plaisent également, nous pouvons dire que, somme toute, leurs travaux sont équivalents. Mais on ne peut pas fractionner leur travail, et dire que le produit de chaque journée, de chaque heure ou de chaque minute de travail de l'un vaut le produit de chaque minute et de chaque heure de l'autre.

On peut dire *grosso modo* que l'homme qui, toute sa vie durant, s'est privé de loisir pendant dix heures par jour, a donné à la société beaucoup plus que celui qui ne s'est privé de loisir que pour cinq heures par jour, ou qui ne s'en est pas privé du tout. Mais on ne peut pas prendre ce qu'il a fait pendant deux heures et dire que ce produit vaut deux fois plus que le produit d'une heure de travail d'un autre individu et le rémunérer en proportion. Faire ainsi, serait ignorer tout ce qu'il y a de complexe dans l'industrie, l'agriculture, la vie entière de la société actuelle; ce serait ignorer jusqu'à quel point tout travail de l'individu est le résultat des travaux antérieurs et présents de la société entière. Ce serait se croire dans l'âge de pierre, tandis que nous vivons dans l'âge de l'acier.

En effet, prenez n'importe quoi — une mine de charbon, par exemple, — et voyez s'il y a la moindre possibilité de mesurer et d'évaluer les services rendus par cha-

cun des individus travaillant à l'extraction
du charbon.

Voyez cet homme, posté à l'immense
machine qui fait monter et descendre la
cage dans une mine moderne. Il tient en
main le levier qui arrête et renverse la
marche de la machine; il arrête la cage
et la fait rebrousser chemin en un clin
d'œil ; il la lance en haut ou en bas avec
une vitesse vertigineuse. Il suit sur le mur
un indicateur qui lui montre, sur une pe-
tite échelle, à quel endroit du puits se
trouve la cage à chaque instant de sa marche. Tout attention, il suit des yeux cet
indicateur, et dès que l'indicateur a atteint
un certain niveau, il arrête soudain l'élan
de la cage — pas un mètre plus haut, ni
plus bas que le niveau convenu. Et, à peine
a-t-on déchargé les bennes remplies de
charbon et poussé les bennes vides, il renverse le levier et lance la cage de nouveau
dans l'espace.

Pendant huit, dix heures de suite, il dé-
ploie ces prodiges d'attention. Que son cer-
veau se relâche pour un seul moment, et
la cage ira heurter et briser les roues,
rompre le cable, écraser les hommes, arrê-
ter tout le travail de la mine. Qu'il perde
trois secondes à chaque coup de levier, et

— dans les mines perfectionnées modernes — l'extraction est réduite de vingt à cinquante tonneaux par jour.

Eh bien, est-ce lui qui rend le plus grand service dans la mine ? Ou bien, peut-être, ce garçon qui lui sonne d'en bas le signal de remonter la cage ? Ou bien, est-ce le mineur qui à chaque instant risque sa vie au fond de la mine et finira un jour par être tué par le grisou ? Ou bien encore l'ingénieur qui perdrait la couche de charbon et ferait creuser la pierre s'il faisait une simple erreur d'addition dans ses calculs ? Ou bien, enfin, — comme le prétendent les économistes qui, eux aussi, prêchent la rétribution selon les « œuvres » et calculent les « œuvres » à leur façon — est-ce le propriétaire qui a engagé tout son patrimoine et qui a, peut-être, dit contrairement à toutes les prévisions : « Creusez ici, vous trouverez un excellent charbon. »

Tous les travailleurs engagés dans la mine contribuent, dans la mesure de leurs forces, de leurs énergies, de leur savoir, de leur intelligence et de leur habileté, à extraire le charbon. Et tout ce que nous pouvons dire, c'est que tous ont le droit de *vivre*, de satisfaire leurs besoins, et même leurs fantaisies, après que les besoins les plus impérieux de tous auront été satisfaits. Mais, comment pouvons-nous évaluer leurs *œuvres* ?

Et puis, le charbon qu'ils auront extrait est-il bien *leur* œuvre ? N'est-il pas aussi l'œuvre de ces hommes qui ont bâti le chemin de fer menant à la mine et les routes qui rayonnent de tous côtés de ses stations ? N'est-il pas aussi l'œuvre de ceux qui ont labouré et ensemencé les champs, extrait le fer, coupé le bois dans la forêt, bâti les machines qui brûleront le charbon, et ainsi de suite ?

Aucune distinction ne peut être faite entre les œuvres de chacun. Les mesurer par les résultats, nous mène à l'absurde. Les fractionner et les mesurer par les heures de travail, nous mène aussi à l'absurde. Reste une chose : ne pas les mesurer du tout, et reconnaître le droit à l'aisance pour tout ceux qui prendront part à la production.

———

Mais prenez toute autre branche de l'activité humaine, prenez tout l'ensemble de notre existence, et dites : Lequel d'entre nous peut réclamer une rétribution plus forte pour ses œuvres? Est-ce le médecin qui a deviné la maladie, ou la garde-malade qui a assuré la guérison par ses soins hygiéniques?

Est-ce l'inventeur de la première machine à vapeur, ou le garçon qui, un jour, las de tirer la corde qui servait jadis à ouvrir la soupape pour faire entrer la vapeur sous le piston, attacha cette corde au levier de la machine et alla jouer avec ses camarades, sans se douter qu'il avait inventé le mécanisme essentiel de toute machine moderne — la soupape s'ouvrant d'une façon automatique?

Est-ce l'inventeur de la locomotive, ou cet ouvrier de Newcastle qui suggéra de remplacer par des traverses en bois les pierres que l'on mettait jadis sous les rails et qui faisaient dérailler les trains faute d'élasticité? Est-ce le mécanicien sur la locomotive, ou l'homme qui, par ses signaux, arrête les trains, ou leur ouvre les voies?

Ou bien, prenez le câble transatlantique. Qui donc a plus fait pour la société : l'ingénieur qui s'obstinait à affirmer que le câble transmettrait les dépêches, tandis que les savants électriciens le déclaraient impossible? Ou bien Maury, le savant qui conseilla d'abandonner les gros câbles et d'en prendre un pas plus gros qu'une canne? Ou bien encore, ces volontaires venus on ne sait d'où, qui passaient nuit et jour sur le pont à examiner minutieusement chaque mètre du câble et à enlever les clous que les actionnaires des compagnies maritimes faisaient enfoncer bêtement dans la couche isolante du câble, afin de le mettre hors de service ?

Et, dans un domaine encore plus vaste — le vrai domaine de la vie humaine avec ses joies, ses douleurs et ses accidents, — chacun de nous ne nommera-t-il pas quelqu'un qui lui aura rendu dans sa vie un service si grand, si important, qu'il s'indignerait si on lui parlait d'évaluer ce service en monnaie ? Ce service pouvait être un mot, rien qu'un mot dit juste et à temps; ou bien ce furent des mois et des années de dévouement. — Allez-vous aussi évaluer ces services, les plus importants de tous, « en bons de travail? »

————

« Les œuvres de chacun ! » — Mais les sociétés humaines ne vivraient pas deux générations de suite, elles disparaîtraient dans cinquante ans, si chacun ne donnait infiniment plus que ce qui lui sera rétribué en monnaie, en « bons », ou en récompenses civiques. Ce serait l'extinction de la race si la mère n'usait sa vie pour conserver celles de ses enfants, si chaque homme ne donnait sans rien compter, si l'homme ne donnait surtout là, où il n'attend aucune récompense.

Et si la société bourgeoise dépérit ; si nous sommes aujourd'hui dans un cul-de-sac dont nous ne pouvons plus sortir sans porter la torche et la hache sur les institutions du passé, — c'est précisément faute d'avoir trop compté, ce qui a fait le compte des gredins. C'est faute de nous être laissé entraîner à ne *donner* que pour *recevoir*, d'avoir voulu faire de la société une compagnie commerciale basée sur le *doit* et l'*avoir*.

Les collectivistes, d'ailleurs, le savent. Ils comprennent vaguement qu'une société ne pourrait pas exister si elle poussait à bout le principe de « à chacun selon ses œuvres. » Ils se doutent que les *besoins*

— nous ne parlons pas de fantaisies — les besoins de l'individu ne correspondent pas toujours à ses *œuvres*. Aussi Depaepe nous dit-il :

« Ce principe — éminemment individua-« liste — serait, du reste, *tempéré* par l'in-« tervention sociale pour l'éducation des « enfants et des jeunes gens (y compris « l'entretien et la nourriture) et par l'or-« ganisation sociale de l'assistance des in-« firmes et des malades, de la retraite pour « les travailleurs âgés, etc. »

Ils se doutent que l'homme de quarante ans et père de trois enfants a des besoins plus grands que le jeune homme de vingt. Ils se doutent que la femme qui allaite son petit et passe des nuits blanches à son chevet, ne peut pas faire autant d'*œuvres* que l'homme qui a tranquillement dormi. Ils semblent comprendre que l'homme et la femme usés à force d'avoir, peut-être, trop travaillé pour la société entière, peuvent se trouver incapables de faire autant d'*œuvres* que ceux qui auront fait leurs heures à la douce et empoché leurs « bons » dans des situations privilégiées de statisti-ciens de l'Etat.

Et ils s'empressent de *tempérer* leur prin-cipe. — « Mais oui, disent-ils, la société nourrira et élèvera ses enfants ! Mais oui, elle assistera les vieillards et les infirmes ! Mais oui, les *besoins*, et non les *œuvres*, seront la mesure des frais que la société s'imposera pour tempérer le principe des œuvres. »

La charité—quoi ! La charité, organisée par l'Etat.

Améliorer la maison des enfants trouvés, organiser l'assurance contre la vieillesse et la maladie, — et le principe sera tempéré !

———

Ainsi donc, après avoir nié le communisme, après avoir rallié à leur aise la formule de « à chacun selon ses besoins », — ne voilà-t-il pas qu'ils s'aperçoivent aussi que les grands économistes ont oublié quelque chose — les besoins des producteurs. Et alors, ils s'empressent de les reconnaître. Seulement, ce sera l'Etat qui les appréciera ; ce sera l'Etat qui se chargera d'apprécier si les besoins ne sont pas disproportionnés aux œuvres, et de les satisfaire si c'est le cas.

Ce sera l'Etat qui fera l'aumône à celui qui voudra reconnaître son infériorité. De là, à la loi des pauvres et au workhouse anglais, il n'y a plus qu'un seul pas.

Il n'y a plus qu'un seul pas, parce que même cette société marâtre qui nous révolte, s'est aussi vu forcée de *tempérer* son principe d'individualisme. Elle a dû aussi faire des concessions dans un sens communiste et sous la même forme de charité.

Elle aussi distribue des dîners d'un sou pour prévenir le pillage de ses boutiques. Elle aussi bâtit des hôpitaux — souvent très mauvais, mais quelquefois splendides — pour prévenir le ravage des maladies contagieuses. Elle aussi, après avoir payé rien que les heures de travail, recueille les enfants de ceux qu'elle a réduits elle-même à la dernière des misères. Elle aussi tient compte des besoins — par la charité.

***

La misère — avons nous dit ailleurs — des misérables fut la cause première des richesses. Ce fut elle qui créa le premier capitaliste. Car, avant d'accumuler « la plus-value » dont on aime tant à causer, encore fallait-il qu'il y eût des misérables qui consentissent à vendre leur force de travail pour ne pas mourir de faim. C'est la misère qui a fait les riches. Et si la misère fit des progrès si rapides dans le cours du moyen-âge, ce fut surtout parce que les invasions et les guerres qui s'en suivirent, la création des Etats et le développement de leur autorité, l'enrichissement par l'exploitation en Orient et tant d'autres causes du même genre, brisèrent les liens qui unissaient jadis les communautés agraires et urbaines; et elles les amenèrent à proclamer, en lieu et place de la solidarité qu'elles pratiquaient autrefois, ce principe : « Peste des besoins! les *œuvres* seules seront payées, et que chacun se tire d'affaire comme il pourra! »

Et c'est encore ce principe qui sortirait de la Révolution? C'est ce principe que l'on ose appeler du nom de Révolution sociale — de ce nom si cher à tous les affamés, les souffrants et les opprimés?

Mais, il n'en sera pas ainsi. Car le jour où les vieilles institutions croûleront sous la hache du prolétaire, il se trouvera parmi les prolétaires le demi-quarteron qui criera : « Le pain pour tous! Le gîte pour tous! Le droit à l'aisance pour tous! »

Et ces voix seront écoutées. Le peuple

se dira : « Commençons par satisfaire nos besoins de vie, de gaieté, de liberté. Et, quand tous auront goûté de ce bonheur, nous nous mettrons à l'œuvre : à l'œuvre de démolition des derniers vestiges du régime bourgeois : de sa morale, puisée dans le livre de comptabilité, de sa philosophie du « doit » et « avoir », de ses institutions du tien et du mien. Et, en démolissant, nous édifierons, comme disait Proud'hon ; mais nous édifierons sur des bases nouvelles, — celles du Communisme et de l'Anarchie, et non pas celles de l'Individualisme et de l'Autorité.

Brochure publiée à sept mille exemplaires, conformément au désir de notre camarade Lucien Massé, coiffeur à Ars en Ré, qui, en mourant, a légué à la RÉVOLTE la somme nécessaire.

Imp. ARSIUS, 140 rue Mouffetard, Paris.

www.ingramcontent.com/pod-product-compliance
Lightning Source LLC
Chambersburg PA
CBHW061339050726

47595CB00005B/2001